LA

DOCTRINE POLITIQUE

DE LA DÉMOCRATIE

COULOMMIERS

Imprimerie Paul Brodard.

LA
DOCTRINE POLITIQUE
DE LA DÉMOCRATIE

PAR

HENRY MICHEL

Librairie Armand Colin

Paris, 5, rue de Mézières

1901

LA
DOCTRINE POLITIQUE
DE LA DÉMOCRATIE

Je me propose d'établir qu'il est nécessaire à la démocratie républicaine d'avoir une doctrine politique ; de montrer comment il se fait que, les éléments de la doctrine démocratique ayant été produits depuis longtemps, l'élaboration n'en soit pas encore achevée ; d'esquisser, enfin, les grandes lignes de cette doctrine.

I

L'histoire des idées prouve que les sociétés politiques autres que celle à laquelle nous appartenons, ont eu leur doctrine, par où il faut entendre un ensemble de thèses liées entre elles de telle sorte qu'aucune ne puisse être professée isolément, ni associée, sans contradiction, à un ensemble différent. La monarchie absolue a eu sa doctrine, la monarchie constitutionnelle également. Toutes deux sont trop connues pour que l'on s'y arrête. C'est une première raison d'admettre que la république démocratique doit avoir, elle aussi, sa doctrine. Mais ce n'est pas la seule.

L'observation fait voir, en outre, qu'une doctrine politique est, pour une société, une condition de force. Quand elle tient sa doctrine d'une prise très ferme, une société politique éprouve la joie de vivre, et aussi l'orgueil de vivre, car elle se dit qu'elle vit pour réaliser un bien, et elle se persuade aisément qu'il n'y a pas de bien supérieur à celui qu'elle poursuit. Non seulement le présent prend aux yeux des membres de cette société une importance considérable, comme étant la trame dont ils tisseront leur œuvre, mais l'avenir s'illumine pour eux. Ils font des projets à longue échéance. Ils s'imaginent qu'ils disposeront du temps pour les réaliser. Qu'il y ait là quelque illusion, l'histoire ne signifie pas le contraire, elle qui nous montre régimes et doctrines successivement couchés au tombeau. Mais cette illusion même est bienfaisante. Une société qui ne se croit pas assurée de lendemains durables, qui ne travaille pas pour le temps à venir, manque au plus haut point de sécurité dans l'action, et d'assiette morale.

Croire en soi-même, croire que ce que l'on fait est bon, et que, de l'action à laquelle on se donne, naîtront des conséquences meilleures encore, demain, après demain, toujours, quelle force pour un temps et pour un pays! Notre pays le sait mieux qu'aucun autre, et notre temps aussi, précisément parce que ce sentiment leur manque. L'absence d'une doctrine politique est l'une des causes principales — je ne dis pas la seule, car les facteurs économiques jouent évidemment leur rôle, et autant il est excessif d'admettre qu'ils soient seuls à agir, autant il est faux d'en méconnaître l'influence — mais enfin l'une des causes principales du malaise de notre démocratie.

Il faut ajouter que si une notable portion de la démocratie se porte, à l'heure présente, vers le socialisme révolutionnaire; si une autre portion de la démocratie paraît disposée à redemander à l'Église, non des directions religieuses et morales, mais des directions sociales et des directions politiques, tout donne à penser que l'attrait exercé par les solutions doctrinales très tranchées du socialisme révolutionnaire et de l'Église, est pour quelque chose dans ce mouvement. Les plus inconsistantes d'entre les « doctrines » du moment, nationalisme, antisémitisme, doivent elles-mêmes un peu du prestige qu'elles exercent sur les esprits à ce qu'elles semblent témoigner d'une certaine rigueur et unité. Si l'on voyait se dessiner nettement une doctrine de la démocratie républicaine, doctrine qui ne fût ni le legs d'un passé mort, ni l'anticipation d'un avenir dont nul ne sait encore quel il sera, nombre de braves gens et de têtes bien faites consentiraient à étudier cette doctrine, et y trouveraient sans doute la satisfaction du besoin à la fois logique et moral dont nous venons de constater l'existence.

Mais ici une objection sérieuse se présente. Vous parlez, dira-t-on, d'une doctrine politique de la démocratie républicaine. Entendez-vous instaurer une doctrine d'État? En ce cas, ce n'était pas la peine de tant protester contre la religion d'État, ni de représenter l'âge moderne, la société issue de la Révolution française, comme entièrement incapables de revenir jamais à la religion d'État.

Sans m'arrêter à une remarque, qui, pourtant, ne laisse pas d'être intéressante, savoir, que l'accusation de préparer une doctrine d'État vient, le plus souvent, des hommes qui trouvaient jadis fort naturelle, fort opportune, l'existence d'une religion d'État, et qui ne demanderaient pas mieux que de nous ramener au temps où cette contrainte pesait si lourdement, je prie que l'on considère deux points.

Le premier, c'est qu'une doctrine d'État (à supposer que nous la crussions désirable, ce qui n'est pas) n'aurait qu'une analogie fort lointaine avec la religion d'État. La religion d'État prend l'homme tout entier. Elle lui impose non seulement le conformisme de la pratique, de l'attitude, mais celui de la croyance, de l'émotion morale. La doctrine d'État laisserait le citoyen libre, absolument libre de penser, de croire. Tout au plus serait-il tenu, dans un cas très particulier — celui où il aspirerait à servir l'État comme fonctionnaire public, en un poste où la fidélité aux principes sur lesquels repose l'État démocratique apparaît comme une exigence légitime — à s'engager envers soi-même et envers ses concitoyens à ne jamais combattre ou trahir ces principes. Encore une fois, il n'y aurait nulle comparaison à faire entre la doctrine d'État ainsi conçue et l'ancienne religion d'État.

Mais je me hâte d'ajouter qu'en recherchant ici ce que doit être la doctrine politique de la démocratie républicaine, et en m'efforçant de prouver qu'elle doit en avoir une, je ne songe pas un instant à lui conseiller d'ériger cette doctrine en « doctrine d'État », même au sens précis et limité que je viens de marquer.

Convient-il, ne convient-il pas que la démocratie républicaine prenne ses précautions pour s'assurer des fonctionnaires fidèles? C'est là, quoi qu'on en ait dit, et quelque confusion que l'on s'efforce de créer, une question non de principe, mais de pratique. Chaque régime est juge, à tout moment, des convenances qui lui recommandent, ou des nécessités qui lui imposent certaines mesures de défense. Sans doute, ces mesures doivent respecter les droits individuels, sous un régime qui se réclame de la liberté. Mais, parmi ces droits, ne figure pas, que l'on sache, le droit à un traitement pris sur le budget. Ceci dit, essayons de montrer comment la démocratie républicaine peut avoir sa doctrine politique, sans que cette doctrine devienne une doctrine d'État.

Une doctrine d'État, c'est une doctrine imposée du dehors, subie plutôt que consentie, obéie, non aimée. Que la démocratie républicaine arrive à

dégager la doctrine qui répond le mieux à ses
aspirations, et à la notion qu'elle se fait de la
société, du gouvernement, des rapports des
citoyens entre eux, de l'individu avec l'État, j'estime qu'il y aura, dans cette doctrine, une telle
vertu de persuasion, une telle force d'évidence,
que les intelligences et les cœurs s'y ouvriront
d'eux-mêmes, pour peu qu'on la leur enseigne,
sans qu'il soit nécessaire de recourir aux prescrip-
tions légales, et aux certificats dûment signés et
paraphés. Une seule condition est requise : c'est
qu'il existe un enseignement actif, une prédication
continue de cette doctrine.

Un écrivain, qui ne pense pas ce que je pense
au sujet de la démocratie et de sa doctrine, le
reconnaissait hier même. La République a le droit
incontestable, disait-il [1] — et j'ajoute pour mon
compte, le devoir — de prêcher son principe.
Elle cède à une illusion immense et redoutable
quand elle croit que la vérité politique et sociale
luira d'elle-même. Il en irait ainsi peut-être, si les
partis et les sectes se tenaient tranquilles. Mais
puisqu'ils agissent, puisqu'ils prêchent incessamment — et c'est leur droit — la République doit

---

1. Fonsegrive. *La Crise sociale*, p. 411 et suivantes.

en fait autant, sous peine de voir diminuer le nombre de ceux qui cherchent en elle la vérité. Donc, une large diffusion, par tous les moyens dont dispose l'État, des principes de la doctrine démocratique, une inlassable vigilance consacrée à la propagation de cette doctrine par tous ceux qui détiennent une part de la puissance publique, c'est là tout ce que je demande. Mais c'est aussi là ce qui a fait le plus complètement défaut jusqu'ici.

On peut dire que si la doctrine politique de la démocratie n'est pas nettement définie, encore moins existe-t-il une organisation régulière, un peu ample, de la propagande démocratique. Non que des efforts méritoires n'aient été tentés et accomplis. Mais la systématisation a trop long-temps fait défaut. Trop longtemps, la République s'est persuadée qu'elle n'avait qu'à se montrer pour plaire, et qu'à exister pour durer. Une idée ne dure qu'en luttant, c'est-à-dire en se démon-trant incessamment elle-même. La République est une idée : c'est sa faiblesse, et c'est sa force. Que cette idée prenne conscience d'elle-même, et qu'elle se démontre infatigablement : elle sera invincible, parce qu'elle sera irréfutable. Mais si, satisfaite de s'être plus ou moins éloquemment formulée, elle abandonne le champ au sophisme, ou seulement à l'habile exposition des principes contraires à ceux sur lesquels elle repose — et l'on sait que cette démonstration ne chôme guère — la République sera affaiblie, dans la mesure exacte où elle se sera laissé réfuter.

II

La doctrine politique de la démocratie a ses
sources dans la philosophie du xviiie siècle. On
connaît la contribution de Rousseau, celle des
Physiocrates, celle de Condorcet, et je n'y insiste
pas. Je rappelle seulement qu'il a manqué à ces
précurseurs deux notions, dont l'absence limite
la portée de leur œuvre.

Il leur a manqué d'abord la notion de la liberté
politique. Ils aimaient beaucoup la liberté en
général, beaucoup aussi certaines libertés particulières, mais ils n'aimaient pas la liberté politique; soit qu'ils ne l'eussent pas rencontrée dans
leur expérience; soit que l'Angleterre eût perdu à
leurs yeux le prestige qu'elle avait aux yeux de
Montesquieu; soit enfin qu'ils n'aient pas attaché
à la liberté politique tout le prix qu'elle vaut. Ils

étaient très réformateurs, et voulaient aller vite en besogne. Ils estimaient que la volonté du prince — surtout quand le prince s'appelle Frédéric II, Catherine de Russie, Joseph II — est l'instrument le plus actif de rénovation sociale. C'était une erreur, dont les suites ne furent pas de médiocre conséquence.

Elle a contribué à accréditer et à faire durer, dans l'école démocratique, la superstition du *pouvoir fort*. Et cette superstition fut cause de graves méprises, de mécomptes plus graves encore, vers le milieu du xix° siècle, à l'heure où l'occasion s'offrit brusquement à la démocratie française de fixer ses destinées. Les démocrates de 1848 ont été conduits, par la superstition du pouvoir fort, à instituer l'élection directe du président de la République au suffrage universel. On sait quelles furent les résultats de cette bévue doctrinale. Voilà les raisons qui l'expliquent, et le lien qui, par l'intermédiaire de la Convention, la rattache aux théories des philosophes du xviii° siècle.

La seconde notion qui a manqué à Rousseau, à Condorcet, ainsi qu'aux hommes d'État de la Convention, c'est celle d'une distinction entre la méthode qui convient à la détermination des fins de l'association politique, et la méthode qui convient à la détermination des moyens. Parce que la méditation solitaire, et la spéculation *a priori* leur avaient révélé les fins, ils crurent qu'elles leur révéleraient aussi les moyens appropriés, et ils s'y fièrent. Après eux, une réaction se produisit qui, suivant l'usage, dépassa le but. Cette réaction n'aurait eu que des effets utiles, si elle s'était bornée à établir que l'expérience est seule en mesure de nous renseigner sur le choix des moyens. Elle a eu des effets désastreux, parce qu'elle a prétendu ériger l'expérience en juge des fins elles-mêmes, ce qui équivalait à proscrire toute fin non empiriquement déterminée.

Ainsi, le xviii° siècle léguait au xix° des germes de doctrine, germes robustes et splendides, plutôt qu'une doctrine; et, en outre, une méthode suspecte. La tâche du xix° siècle devait consister à faire la critique de cette méthode, et à favoriser le développement de ces germes.

Or cette tâche a été entravée par les événements qui, au premier abord, semblaient plutôt de nature à la faciliter. La société française est devenue de plus en plus démocratique, et cette évolution s'est faite très rapidement. Elle s'est faite si rapidement, que la théorie s'est trouvée en retard sur les faits. La démocratie est descendue avec une

célérité foudroyante, des rêves et des livres dans
la réalité. En 1847, il ne semblait pas qu'il y eût
de jour pour le suffrage universel, suivant une
expression du temps, qui parut risible quelques
mois plus tard, mais qui, au moment où elle fut
employée, exprimait un sentiment fort répandu, et,
à tout prendre, fort plausible. En 1848, le suffrage
universel entrait dans la pratique, et créait, à
quelques mois de distance, le pouvoir législatif,
puis le pouvoir exécutif de la démocratie. La
démocratie républicaine était devenue un gouvernement, avant que les techniciens eussent achevé
de rassembler et de lier les maximes sur lesquelles
ce gouvernement doit reposer. On dut ainsi vivre,
pendant un temps assez long, d'improvisations
et d'expédients, qui ne furent pas toujours heureux. Puis, vint le dédain systématique des systèmes.. Puis, une grande confusion, un grand
désordre dans les idées, et, finalement, un appétit
de doctrine d'autant plus aiguisé, qu'il avait été
condamné à une plus dure abstinence.

Cependant, il ne serait pas exact de dire que la
démocratie a rempli de son tumulte la scène du
siècle, sans inspirer ceux qui pensent. D'innom-
brables suggestions, à défaut de vues toujours
précises, se sont produites. La poésie, l'art, si

l'on considère leurs manifestations les plus hautes, et si on laisse de côté les cénacles voués à des curiosités de forme ou de style, ont été, au cours de ce siècle, essentiellement démocratiques. La science l'est aussi, par les applications auxquelles elle conduit, et qui, toutes, tendent à rendre la vie du plus grand nombre plus facile, mieux assurée. Enfin, des écrivains, des penseurs, ont pris la démocratie pour objet direct de leurs études, et ont ainsi fait avancer sensiblement la formation de la doctrine démocratique. Je me borne à rappeler ici quelques noms, sans entrer — ce qui excéderait infiniment le cadre de cette étude — dans le détail des travaux.

C'est d'abord Tocqueville, qui, l'un des premiers, comprend que la démocratie avec toutes ses conséquences, avec des conséquences à l'infini, de nature à transformer toutes choses, est un fait à la fois nécessaire et bienfaisant. Quiconque a lu et compris Tocqueville, doit renoncer à l'idée de traiter en intruse ou en trouble-fête cette démocratie, la vraie maîtresse de la maison. Mais Tocqueville a rendu un autre service encore. Il a montré que la liberté politique n'est pas incompatible avec la démocratie, et il a étudié les moyens de l'y maintenir. Sans avoir vu juste sur tous les points, il a mis fortement en lumière cet aspect, considérable entre tous, du problème politique et social.

Après Tocqueville, Michelet.

Tocqueville, voyageur intelligent, avait rencontré la démocratie aux États-Unis d'Amérique. Michelet, sédentaire comme les pauvres, a vu la démocratie dans les faubourgs de Paris. Il ne l'a pas moins bien pénétrée, grâce à ses dons d'artiste et de poète, grâce aussi à son grand cœur. Le peuple, chez Michelet, n'est pas une abstraction. Il vit. Il est le personnage principal, pour ne pas dire le héros unique de l'histoire. Michelet ne nous révèle pas seulement le rôle du peuple, mais son tempérament et son caractère. Tocqueville fait comprendre la démocratie. Michelet la fait sentir, et il la fait aimer. Il met à nu les ressorts qui la meuvent, les grandes passions auxquelles elle obéit. Il est lui-même tout embrasé de ces passions. Il mérite d'être appelé le prophète de la démocratie moderne.

Edgar Quinet a voulu en être l'instituteur. Il a senti, ou mieux, il a compris que la démocratie moderne ne peut se passer d'une théorie de la vie et de l'action, et il a cherché, au cours de sa carrière militante, à fonder cette théorie. On ne peut pas dire qu'elle soit tout entière dans ses écrits. Mais ils abondent en vues élevées, nobles, qui sont autant d'éléments tout préparés pour entrer dans la doctrine politique et morale de la démocratie. Infiniment sensible aux souffles du temps, il est arrivé à Quinet de suivre des courants que nous jugeons aujourd'hui dangereux. Mais, même quand il se trompe, il éclaire encore la voie devant lui.

Proudhon doit être rapproché de Quinet et de Michelet. Il n'a ni le dogmatisme rigoureux du premier, ni la flamme du second. Mais il a, lui aussi, connu le peuple. Il a, lui aussi, ressenti quelques-uns des besoins essentiels de la démocratie. Il a discerné, d'un coup d'œil aigu, les points sur lesquels allait porter le conflit entre la démocratie et ses adversaires. Il a retrouvé l'inspiration morale de Kant, et il a prononcé sur les choses morales quelques-unes des plus fortes paroles qu'il ait été donné à ce siècle d'entendre. Je sais ce qui manque à Proudhon pour que ce jugement puisse être accepté sans réserve par tous ceux qui l'ont lu. Mais je me préoccupe moins d'exprimer un jugement de nature à rallier tous les suffrages, que de marquer la vraie place de Proudhon parmi les théoriciens de l'idée démocratique.

La *Science de la morale*, de Renouvier, a paru en 1869. C'est un des plus beaux livres de philosophie morale et de philosophie politique qui aient jamais été écrits. C'est celui où les solutions sont le plus élaborées. Quelques années plus tard, au lendemain de la guerre, Renouvier entreprend la publication de la *Critique philosophique*[1]. Dans ce journal, il étudie, à mesure que les événements se déroulent, tous les aspects de la vie politique de la démocratie; et sur les sujets les plus graves, les plus délicats, il fait entendre à ses concitoyens le langage le plus courageux. Il y a tout un catéchisme politique à l'usage des démocraties à extraire de la *Critique philosophique*, et je ne connais pas de document qui l'emporte en valeur sur celui-là, pour qui essayera de faire un jour l'histoire des idées politiques et morales dans le dernier tiers du xixe siècle.

On s'étonnera de ne pas avoir encore rencontré le nom de Comte. Lui aussi, il a prétendu diriger le mouvement démocratique. Mais s'il a ouvert des vues de détail intéressantes et justes, notamment sur l'alliance entre les prolétaires et les

1. Il n'est que juste d'associer ici, au nom de Renouvier, celui de son disciple et collaborateur F. Pillon.

intellectuels; s'il croit à la science, qui sera finalement émancipatrice, et ne se mettra jamais, quoi
qu'on en dise, au service des contempteurs de la
raison, Comte a tenu en tel mépris la liberté politique et le droit, qu'il ne pourrait venir à l'esprit
d'aucun véritable ami de la démocratie de cher-
cher chez lui une doctrine politique à son usage. Il
faut, pour rendre justice à Comte, oublier sa philosophie politique, et songer aux directions générales de sa pensée, qui, elles, furent franchement
progressives.

Le tableau qui précède est bien incomplet. Il
ne comprend pas certains noms qui, comme les
noms d'Armand Carrel, de Louis Blanc, ou de
Lamartine, comme d'autres encore, mériteraient
de figurer dans une histoire, même sommaire et
cursive, de l'idée démocratique au xixe siècle.
Mais il mentionne les maîtres, ceux dont la pensée
a pénétré nos pensées, ceux qui nous ont appris,
à nous hommes de ce temps, ce que c'est que la
démocratie.

III

Qu'est-ce donc que la démocratie, pour nous, hommes de notre temps, pour nous qui n'interpellons ni les siècles disparus, ni la conscience de nos prédécesseurs, mais la nôtre?

Avant de répondre directement à la question, et pour rendre la réponse plus facile, disons ce que la démocratie a cessé d'être à nos yeux.

J'ouvre les *Considérations sur la Révolution française*, de Mme de Staël (1818). J'apprends dans ce livre très important, qui a fixé la doctrine libérale pour les hommes de la Restauration, que la Révolution française a été un événement inévitable, mais qu'elle aurait dû prendre fin dès 1790. A partir de cette date, il n'arrive plus rien que de funeste. Et pourquoi? Parce que, dès 1790, le « torrent démocratique » déborde de son lit, et

saccage tout[1]. Pour M⁻ᵉ de Staël, pour les libé-
raux de la Restauration, ses disciples, la démocratie est un fléau dévastateur. Les conservateurs
les plus timides de notre temps hésiteraient à
s'approprier ce jugement.

Voici maintenant une brochure que Guizot
publie, au mois de janvier 1849, *La Démocratie
en France*. Deux révolutions ont passé sur notre
pays depuis les *Considérations*, et les révolutions
sont de grands professeurs d'histoire. Elles éclai-
rent merveilleusement le passé. Elles font comprendre ce qui, la veille encore, paraissait incom-
préhensible. Certes, Guizot a des griefs personnels
contre la démocratie, dont il vient de subir le
coup d'épaule brutal. Mais il assure qu'il parle
en observateur attentif, en juge intègre des
événements, non en vaincu. Et que dit-il de
« l'idée démocratique » ? Il dit que c'est une idée
funeste, qu'il faut « l'extirper » à tout prix des
intelligences. Si l'on n'y parvient point, c'en est
fait de la paix sociale, « de la sécurité, de la pros-
périté, de la dignité, de tous les biens moraux et
matériels que la paix sociale seule peut garantir[2] ».

1. *Considérations sur la Révolution française*, t. II,
p. 9, p. 32.
2. *La Démocratie en France*, p. 11.

L'idée démocratique n'a pas péri. Elle n'a pas été extirpée des intelligences. Elle y a même jeté d'assez profondes racines en ce demi-siècle, et l'affreuse prophétie de Guizot ne s'est pas réalisée. Et personne, aujourd'hui, ne saurait la prendre au sérieux.

Examinons enfin un dernier écrit, beaucoup plus récent, l'étude que Schérer a donnée, en 1884, sur la *Démocratie et la France*. Cette fois encore, des révolutions ont eu lieu, qui ont affermi les institutions démocratiques. Schérer n'a pas de motifs particuliers d'en vouloir à la démocratie. C'est un esprit libre, et vraiment philosophe. Pourtant, il demeure, lui aussi, en défiance. La démocratie offre, dit-il, sur toute question, une solution directement contraire à la solution libérale. La victoire de la démocratie, c'est la défaite de la liberté[1]. Le sentiment qui perce ici ressemble, toutes proportions gardées, et en observant la différence des époques, celle des esprits, au sentiment qui se déployait, avec une naïveté parfaite, chez Guizot et chez Mme de Staël : c'est la peur.

La première réponse directe que je ferai à la

---

1. *La Démocratie et la France*, p. 52.

question posée plus haut est celle-ci : la démocratie ne nous fait pas peur. Elle n'est plus, pour nous, un épouvantail. Nous ne sommes plus une société bourgeoise, qui cherche à limiter le plus possible la part de la démocratie, en voilant l'égoïsme de ses calculs sous le masque de la prudence. Nous sommes une société démocratique, qui s'accepte comme telle, et se croit tenue de se développer dans le sens où la poussent son histoire, le système d'idées générales qu'elle a fait sien; nous sommes une société démocratique qui veut devenir de plus en plus démocratique.

Et pourquoi? parce que la démocratie n'est pas seulement, à nos yeux, un fait inévitable, mais un fait heureux. Nous sommes fiers d'être en démocratie. Il nous paraît que ce régime est très supérieur à tous les autres, et nous croyons savoir pourquoi.

D'abord, le suffrage universalisé, qui est l'expression même du régime démocratique, a remplacé, comme *ultima ratio*, le canon. Et c'est un grand avantage, moral et matériel. Il est de mode de médire du suffrage universel. On lui reproche de ne pas être organisé. On cherche à l'organiser. Faut-il avouer que j'éprouve peu de

goût pour ces essais? La plupart manquent de
simplicité, et quelques-uns, de sincérité. Ils ne
seraient qu'une confiscation à peine déguisée du
suffrage des pauvres au profit des riches, ou du
suffrage des humbles au profit de nos divers
mandarinats, dont plusieurs sont suspects de
tendances médiocrement progressives. Tous ces
essais, enfin, témoignent de quelque puérilité. Il
est peu probable que la masse se laisse ravir, ou
laisse annihiler entre ses mains, par la simple
persuasion, un droit auxquel elle peut paraître
aujourd'hui n'attacher que peu de prix, mais
auquel on s'apercevra qu'elle tient beaucoup, le
jour où l'on fera mine de l'en priver. En tous cas,
et sans nier que le suffrage universel mérite quelques-unes d'entre les critiques dont il a été
accablé; sans nier qu'il lui arrive de commettre
des erreurs, mieux valent ses erreurs que celles
du canon. La souveraineté du nombre, malgré
ses inconvénients, est une spiritualisation très
appréciable de la souveraineté de la force. Nous
le sentirons mieux encore, quand le nombre aura
reçu la culture à laquelle il a droit.

Est-il possible que le nombre atteigne jamais,
dans une société telle que la nôtre, le point
d'éducation qui serait indispensable pour en cor-

riger les défauts? Beaucoup de bons esprits gardent des doutes à cet égard, et se font, de leurs
doutes, un argument contre la démocratie.

Il est très vrai que, plus une société politique
est vaste et dense, plus il est malaisé que la culture pénètre partout, et partout s'élève à un
niveau satisfaisant. Peut-être faut-il s'attendre,
quelque vaillant que soit l'effort déployé, à une
déception partielle. Cependant, nous ne pouvons
pas, nous qui croyons, d'une manière générale,
à l'efficacité de la culture, douter qu'elle se subor-
donne, à la longue, l'instinct et ses impulsions
irréfléchies. Ou bien alors, il nous faut fermer
nos écoles, nos églises, briser nos presses,
refréner tous les mouvements qui nous portent à
tenter de rendre les hommes meilleurs.

Nous ne pouvons pas davantage, nous qui avons
vu sans regrets, sans colère, les éléments jadis
frustes de la nation, le peuple — dont nous
sommes — parvenir peu à peu à l'intelligence
des conditions de vie de la cité; nous ne pouvons
pas refuser à ces autres éléments, encore frustes
aujourd'hui, mais qui ne le sont pas plus que ne
l'étaient jadis nos devanciers et nos pères, toute
aptitude au dégrossissement, toute chance de
s'élever, eux aussi, quelque jour, à la pleine

capacité politique. Ou bien alors, il nous faut penser que le tiers état a possédé des grâces particulières, pour troquer la situation misérable qui fut primitivement sienne, contre la situation privilégiée, prépondérante, qu'il a si longtemps occupée, et dont il défend, à l'heure actuelle, les derniers remparts, avec plus de conviction que de chances de succès. Des causes analogues produisant des effets analogues, nous devons admettre que le quatrième état égalera un jour en lumières, en sentiment du bien public, la classe qui, jadis, dans la hiérarchie sociale, occupait la place sacrifiée qu'il occupe aujourd'hui.

Comment ne pas voir, d'ailleurs, que les institutions y pourvoient, par leur jeu naturel? Associations ouvrières, syndicats, sociétés de prévoyance, mutualités, sont autant d'écoles pratiques où le quatrième état se forme aux connaissances positives, et développe en lui les qualités morales indispensables à l'action politique.

Déjà, il a conquis nombre de municipalités, et l'exercice du pouvoir municipal le préparera, comme il a préparé naguère la bourgeoisie, à l'exercice du pouvoir politique. Il n'est pas téméraire de penser que les progrès du quatrième état seront plus rapides que n'ont été ceux du tiers état. Non seulement parce que l'allure générale de la civilisation s'est accélérée, mais parce que les aides, les moyens de perfectionnement offerts aux individus, aux groupes en ascension sont moins parcimonieusement ménagés aujourd'hui qu'ils ne le furent dans le passé. Il convient d'ajouter que la bourgeoisie, dans la défense de ses intérêts de classe, est moins armée ou moins féroce que ne le furent jadis les nobles, le clergé, et le prince.

Pour tous ces motifs, il y a lieu de croire, et de compter, qu'un peu plus tôt, un peu plus tard, les notions indispensables à l'usage raisonné et indépendant du droit de suffrage auront partout pénétré. Le nombre alors n'aura plus seulement pour lui la force et le droit : il aura pour lui, il aura en lui la raison.

Ce n'est pas tout. Si nous plaçons la démocratie, dans notre estime, fort au-dessus des autres formes politiques, c'est qu'elle suppose tout ensemble et favorise, chez tous les citoyens, le plus complet développement de la personne humaine. Il est temps de mettre quelque précision dans le sens de cette formule, si souvent employée.

La démocratie suppose chez tous ses membres

le développement complet des attributs de la personne humaine. Il va de soi, en effet, que le régime démocratique, pour donner tous ses fruits, veut que chaque citoyen ait acquis, soit par son effort propre, soit à l'aide d'institutions tournées vers cet objet, son maximum de valeur humaine, par où il faut entendre à la fois la valeur économique et la valeur morale. Alors, mais alors seulement, disparaîtront tous les maux tant de fois signalés, tous les périls si éloquemment dénoncés comme inhérents à la démocratie, et qui tiennent à ce que la société où nous vivons est une démocratie imparfaite. Alors seulement le fait démocratique sera devenu, dans sa plénitude, le droit démocratique : droit nouveau, si l'on considère l'heure tardive de son éclosion, droit très ancien, si l'on tient compte des mouvements d'idées qui en ont constitué la longue et continue préparation.

La démocratie favorise l'épanouissement de la personne humaine. Elle est le seul régime qui ne comporte, en principe, aucun antagonisme entre l'intérêt des gouvernants et l'intérêt des gouvernés, ceux-là n'étant que les agents d'exécution choisis par ceux-ci. Il peut arriver, et il arrive qu'une partie de la nation, celle qui a le plus de lumières, le plus de richesse et d'influence, le plus d'habileté acquise, abuse de ses avantages, et mette le gouvernement au service d'un intérêt de classe, sans que le peuple s'en aperçoive, ou sans qu'il réussisse à l'empêcher. Mais c'est là une corruption passagère, non le vice inévitable du régime. Plus la culture se répandra, plus le peuple sera au fait de ce qui se passe dans le gouvernement, plus il deviendra difficile aux gouvernants d'aller contre l'intérêt principal des gouvernés, qui est de savoir et de valoir sans cesse davantage. Un jour arrivera même où cela sera tout à fait impossible, si d'avance, les privilégiés n'ont renoncé à cette ambition, soit par équité, soit par prudence.

Il faut remarquer, du reste, que la plupart des critiques adressées au régime démocratique n'auraient de portée réelle, que si la démocratie était condamnée à rester indéfiniment telle que nous la voyons. Or, elle commence à peine, sinon d'être, du moins de conduire ses destinées. Elle hésite encore, et tâtonne, le plus souvent faute d'idées claires et fermes, faute de doctrine. Ne serait-il pas injuste autant que vain de tirer argument contre la démocratie de ce qu'elle n'a pas atteint, du premier coup, un degré de sûreté

dans le coup d'œil ou dans l'action, dont les
régimes antérieurs ne se sont pas montrés plus
capables qu'elle à leurs débuts? Ni la royauté
française n'a connu ses voies, dès l'origine, avec
la rectitude de jugement qui parait dans l'œuvre
d'un Henri IV ou d'un Richelieu; ni la bourgeoisie française n'a défini son idéal politique,
au temps lointain de l'affranchissement des com-
munes, avec l'exactitude et l'ampleur qu'elle
devait atteindre en 1789. S'il arrive que nous
pensions le contraire, c'est qu'à distance, nous
mettons sous les formules employées primitivement un sens moderne, que les contemporains
eussent été fort empêchés d'y placer.

Qu'est-ce donc que devenir homme, personne
humaine, et ensuite, plus homme, et davantage
personne humaine?

Il y faut, premièrement, un certain degré d'indépendance économique, ce degré le plus faible, où
l'individu possède de quoi se suffire, de quoi sub-
venir aux besoins élémentaires de la famille qu'il
a créée.

La misère est, par elle-même, grande ennemie
du développement humain. Elle exige, pour être
supportée sans déchéance, une force d'âme qui
brillera peut-être, par exception, dans quelques

rares individus, mais qui ne sera jamais le
partage de tous. L'homme qui n'a pas de quoi
manger, et de quoi s'abriter, l'homme qui ne sait
pas, si, même en voulant travailler, et en cher-
chant du travail, il en trouvera demain; l'homme
qui se sent à la merci de tous les hasards, qui,
d'un instant à l'autre, pour ne pas mourir de
faim, et condamner au même supplice sa femme,
son enfant, peut se trouver réduit à « vendre son
âme » selon la forte expression populaire, forte
parce qu'elle est vague, parce qu'elle implique
une multitude d'acceptions, aussi diverses que
les tentations même qui assiègent les désespérés,
cet homme-là n'est pas proprement un homme.
Il est une chose, un outil, qu'un autre homme
prend ou laisse, à sa convenance. Le premier
souci d'une démocratie doit être de faire, de cet
outil, un homme.

Et l'on entend bien que l'intervention des particuliers, les nobles caprices de la bienfaisance,
si respectables en leur principe, mais si incer-
tains et limités en leurs effets, n'y suffisent pas.
Pour que chaque individu qui travaille puisse
aussi manger, et s'endormir sans une angoisse
affreuse, il faut que l'institution sociale lui assure
une juste part dans le produit de son travail. Les

voies et moyens peuvent être malaisés à déter-
miner : le principe est d'une évidence désormais
incontestable. Il faut, en outre que, tout en l'in-
citant à prévoir et à pourvoir, pour son propre
compte, tout en lui rendant plus accessible la
pratique de l'épargne, l'institution sociale lui
assure, pour les cas extrêmes — la vieillesse, la
maladie — une assistance fraternelle. Alors, mais
alors seulement, dans cette sécurité, bien humble
encore, du jour et du lendemain, tout travailleur
franchira le premier échelon de l'humanité, com-
mencera d'être un homme.

Il ne sera, cependant, un homme dans la pleine
acception du mot, que s'il sait qu'il a des devoirs
et des droits, que s'il possède quelque idée, même
très rudimentaire, de la dignité de sa nature; que
s'il connaît ses raisons de vivre. Prétendre donner
aux individus ces éléments de culture morale,
sans leur avoir d'abord facilité cette chose très
difficile qui s'appelle l'acquisition du pain quoti-
dien, c'est dérision pure. Mais limiter au « nécessaire physique », sans y joindre le « nécessaire
moral », les besoins de l'individu et le concours
de la société, ce serait préparer un peuple en qui
le caractère d'humanité ne se rencontrerait qu'à
demi.

Être plus homme encore, c'est introduire un principe d'ordre et d'harmonie dans l'aspiration si naturelle vers le bonheur. Celui qui possède peu de chose devra comprendre, pour se l'être dit à soi-même, que le principal dans la vie, n'est pas de posséder beaucoup, mais de beaucoup valoir. Et celui qui possède des biens plus abondants, devra s'imposer la sobriété dans la jouissance, non seulement comme une élégance morale, mais comme une obligation envers ceux qui peinent et qui pâtissent.

Être tout à fait homme enfin, c'est, à quelque condition que l'on appartienne, après s'être fait du bonheur une idée plus pure et plus haute que l'idée vulgaire, subordonner le bonheur à l'esprit de générosité et de sacrifice, de tous les mouve-ments de l'âme humaine les plus originaux.

Tels sont les degrés que la démocratie devra gravir l'un après l'autre, dans sa philosophie de la vie; tel est le sens très plein de cette formule : la démocratie fait des hommes de plus en plus dignes de ce nom. Et telle est la perspective qui nous fait aimer, dès à présent, l'état démocra-tique, comme s'il était déjà tout ce qu'il peut et doit devenir, tout ce qu'il deviendra, si nous le voulons.

Et que l'on ne répète pas — on l'a dit déjà, mais le reproche est aveugle ou injuste — que ce souci de la culture universelle conduit à l'exaspération du moi, par conséquent, à l'anarchie. Ce n'est pas le moi que la culture démocratique s'attache à développer. C'est la personne, ce qui, dans l'individu, dépasse l'individu, ce qui est éminemment communicable et social. Qu'il puisse y avoir une conception fausse, dangereuse de l'individualisme, ou, pour mieux dire, une déformation de ce principe, on ne saurait le nier. Mais autre chose est le véritable individualisme démocratique, autre chose la caricature qu'il peut plaire aux adversaires de la démocratie d'en tracer, pour la plus grande commodité de leur discussion.

IV

Si la démocratie est bien ce que nous venons de dire — et, pour nous, elle est cela même — quelle en devra être la doctrine politique? Une doctrine politique est une théorie des fins à poursuivre, non un catalogue des moyens à employer. Le choix des moyens regarde l'homme d'État, l'économiste; la détermination des fins est l'œuvre propre de la philosophie politique. Essayons de dresser cette théorie des fins.

La première fin de la démocratie sera la liberté. Non pas parce que la liberté, quand on la connaît, paraît préférable à la compression, ou plus noble. Si l'on adoptait ce critérium, il dépendrait d'un peuple indolent et dégradé de le mettre en défaut. Ce peuple placerait son idéal dans un régime où l'autorité voudrait, penserait, agirait pour le

citoyen. Et l'on serait mal fondé à soutenir que
ce peuple a tort, si c'est le sentiment seul ou
l'intérêt qui est appelé à prononcer. Non : la
liberté s'inscrit en tête des flus d'une démocratie,
— parce qu'elle est la condition indispensable du
plein épanouissement de la personne humaine.

La conscience est comme le nœud vital de la
personne. Frappez la conscience, la personne
périt. Il reste un animal humain, non l'homme.
Éveiller des consciences, c'est, avons nous dit, la
fonction propre de la démocratie. Elle pourrait se
définir : la cité des consciences. Or il y a entre la
conscience et la liberté un rapport étroit, une affi-
nité profonde. La conscience, une fois née, tend
à la possession de la pleine et absolue liberté, de
l'autonomie. Dire : la démocratie est la cité des
consciences revient à dire : la démocratie est
la cité des consciences autonomes. L'ordre qui
règne dans une société de consciences non encore
autonomes peut avoir son prix, sa beauté même ;
mais il n'est que l'imitation lointaine, et la pâle
ébauche de l'ordre véritable, celui qui naîtra un
jour de l'accord volontaire des consciences autonomes. D'autre part, la liberté est l'atmosphère
nécessaire à l'éclosion des consciences. Un régime
autoritaire produit des automates, qui joueront,

qui mimeront la personne humaine, mais qui ne la remplaceront pas. Les doctrines d'hétéronomie morale et religieuse le savent bien, elles qui, par un hommage imprudent et significatif, parent du nom de liberté la soumission même [1].

Mais la conscience ne peut, sans une sorte de suicide, demeurer inerte et muette. Vivre, pour elle, c'est parler, c'est agir. La conscience parle pour confesser sa foi. Elle agit pour propager sa foi. Dès lors, la liberté des consciences exige comme appareil de protection, et comme instrument, cet ensemble d'institutions que le langage du droit public moderne appelle la liberté politique : des tribunaux fixes, des formes judiciaires stables, des lois pénales modérées, tout ce qui contribue à « la sûreté du citoyen, ou à l'opinion qu'il s'en fait [2] », la liberté de la parole, la liberté de la presse, la liberté d'association, en tant qu'elle est compatible avec la sûreté de l'État, considération dont aucun État ne s'est jamais

1. Dans le débat récent sur la liberté d'association, M. de Mun, parlant des vœux monastiques, disait que ceux qui les prononcent, font « dans le sacrifice de leur liberté, le dernier, le plus magnifique, le plus décisif usage de la liberté elle-même ». (*Chambre des Députés*, séance du 21 janvier 1901.)

2. Montesquieu. *Esprit des Lois*, livre XII, chap. 1.

désintéressé, et ne se désintéressera jamais; enfin, la participation au suffrage politique.

Il s'en faut que la relation indiquée ici entre la liberté de conscience et la liberté politique soit communément admise. On présente, en général, la liberté de conscience comme l'une des libertés —, non la moins précieuse — mais enfin comme l'une des libertés que comporte l'organisation des États politiquement libres. Point de liberté politique complète, dit-on, sans la liberté de conscience. Nous renversons les termes du rapport. La liberté de conscience ne nous apparaît pas comme une sorte de conséquence ou de complément de la liberté politique, mais comme sa raison d'être.

C'est surtout pour affirmer et protéger leur droit de penser comme ils le veulent, et de croire comme ils le peuvent, que les hommes ont cherché à se donner des institutions de plus en plus libres. Peu importe que ce mouvement se soit obscurément poursuivi, durant des périodes très longues, et n'ait pas été toujours discerné par les générations qui y participaient. Mieux que ces générations, courbées sous le poids du jour, et perdues dans le détail des soucis adventices, nous voyons, à présent, la vraie direction de l'histoire,

le but auquel elle tend et dont elle se rapproche.
Nous ne sommes, du reste, pas les premiers à
le voir, si nous le voyons mieux que nos devanciers. Depuis le lointain éveil de la spéculation
philosophique, une lignée ininterrompue d'esprits
méditatifs ont enseigné par leurs écrits, et quelquefois attesté par leur constance à souffrir pour
cette cause, le prix incomparable, le prix infini
de la liberté de penser et de croire.

En définissant, comme nous venons de le faire,
le rapport de la liberté de conscience à la liberté
politique, nous rompons les derniers liens qui
rattachent la doctrine démocratique au matéria-
lisme des temps abolis.

Admettre que la liberté de conscience est
une simple pièce de cet ensemble qui s'appelle
la liberté politique, c'est admettre qu'elle découle
d'un certain agencement des choses, qui existe
en certains temps, en certains lieux, mais qui
pourrait ne pas exister, qui est un accident heureux de l'histoire; c'est en somme demeurer
plongé dans la vieille conception selon laquelle
l'État, possédant des fins autres que les fins pour-
suivies par ses membres, leur mesure d'une main
avare, et quand il y est contraint, la somme de
liberté la plus faible possible. Il n'en est pas ainsi,

ou, pour mieux dire, il cesse d'en être ainsi, dès
que l'on se place au cœur de la doctrine démocratique. Nulle fin n'apparaissant comme supé-
rieure à la parfaite indépendance des consciences,
c'est l'État tout entier qui s'organise en vue de
la sauvegarde des droits individuels.

On pourrait marquer quelque surprise de voir
la liberté politique placée au premier rang des
fins de la démocratie. Il est plus fréquent de lire
que la démocratie a pour but principal la participation de tous à la souveraineté. Mais c'est là
l'expression même du régime démocratique, plutôt
que ce n'en est le but. S'il existait quelque part
une volonté qui pût faire échec à la volonté de
tous, la société politique où ce fait se produirait
ne serait pas une démocratie. La nation n'entend point être souveraine, et seule souveraine,
pour le vain plaisir d'exercer un pouvoir incon-
trôlé et, en principe, absolu, surtout sous la forme
que revêt, dans l'État moderne, l'exercice de ce
pouvoir : le dépôt, à intervalles espacés, d'un bul-
letin de vote dans les urnes. Ce n'est pas non plus
pour la satisfaction, déjà plus réelle, mais encore
trop négative, de ne sentir à côté de soi aucun
pouvoir autre, que la démocratie assigne au
peuple seul la souveraineté. C'est pour être libre.

La participation de tous au suffrage politique est
la condition de la liberté de tous. Non pas une
condition suffisante : la majorité peut, en effet, se
servir de son suffrage pour opprimer la minorité.
Les droits de la minorité veulent être garantis à
leur tour, et ils le sont par les diverses libertés
particulières dont la jouissance est ou doit être
assurée, dans les démocraties, à tous les citoyens.
Mais la souveraineté du peuple est une condition
nécessaire de la liberté, parce qu'elle exclut tout
conflit entre la volonté générale et quelque volonté
particulière, capable de la tenir en échec.

La liberté politique étant la première fin d'une
démocratie, il suit de là qu'une démocratie qui
fait usage du droit de suffrage pour se donner un
maître, une démocratie qui échange la libre
élection de ses représentants contre le plébiscite,
une démocratie césarienne, en un mot, est une
véritable monstruosité. Elle a proprement détruit
sa raison d'être, la liberté.

Que l'on ne s'étonne pas non plus de ne pas nous
voir mettre l'égalité en tête des fins d'une démocratie. C'est une formule courante que celle-ci :
la démocratie, favorable à l'égalité, est ennemie
de la liberté. Elle est d'autant plus ennemie de la
liberté, qu'elle tend à favoriser davantage l'éga-

lité. Mais cette formule, pour être très souvent
appliquée, et pour se rencontrer même sous la
plume d'un observateur aussi pénétrant que
M. Émile Faguet[1], n'en est pas plus exacte. Je
viens de montrer que la conservation, l'accroissement de la liberté passent avant tout, dans une
démocratie. Quant à l'égalité, la seule que la
démocratie postule, en quelque sorte, c'est l'égalité
tout abstraite et mathématique des unités sociales,
logiquement requise pour justifier l'universalité du
droit de suffrage, égalité qui n'est que le symbole
grossier de celle qui régnerait dans une démocratie
idéale, où tous les citoyens *vaudraient* autant,
moralement et intellectuellement, les uns que les
autres. Mais l'égalité réelle, l'égalité de fait, celle
en vertu de laquelle tous les citoyens devraient
avoir même sort, mêmes avantages, elle n'est
dans le programme d'aucun démocrate. Jamais la
démocratie n'a promis de passer le niveau sur les
têtes, ou seulement sur les fortunes. Tout ce
qu'elle s'efforce de faire, c'est de combiner l'institution sociale de telle sorte *qu'il y ait moins
d'inégalité au point de départ des destinées indi-*

1. Voir ses *Questions politiques*, et *l'Avant-propos* des
Problèmes politiques du temps présent.

viduelles. Ici encore, on commence par prêter gratuitement à la démocratie une prétention absurde, pour se donner le facile avantage de la réfuter.

La deuxième fin d'une démocratie, c'est le respect absolu de la légalité. La loi n'est autre chose que la déclaration de la volonté générale. Si, en démocratie, un citoyen s'insurge contre la loi, il s'insurge, pour ainsi parler, contre lui-même, en tant qu'élément constitutif de la volonté générale. Comme les individus, les groupes, les masses sont tenus au respect de la légalité. Viennent-ils à la violer? Le scandale est plus criant encore, l'outrage au bon sens plus intolérable.

Ainsi se trouvent éliminées non seulement les tentatives de rébellion des sectes, des partis contre une loi qui a cessé de leur plaire, ou ne leur a jamais plu, mais d'une façon générale, l'action révolutionnaire. Sous un régime autre que la démocratie, elle peut apparaître comme une ressource désespérée. En démocratie, elle n'a pas sa place. Non que la législation soit intangible. Elle est, au contraire, ainsi que je vais le dire, perpétuellement révocable, et en perpétuelle transformation. Mais elle ne doit changer que du consentement de la majorité qui légifère. C'est là une des notions qu'il est le plus indispensable de faire pénétrer dans les intelligences. Il n'y aura d'ordre démocratique vraiment stable, et définitivement fondé, que le jour où cette vérité aura cessé d'être discutée.

Après la liberté politique et le respect de la légalité, il faut placer l'inquiétude du mieux, l'aspiration au progrès. Une démocratie ne se propose pas seulement de durer, telle qu'elle est : elle se propose de devenir meilleure. Aussi convient-il qu'elle soit incessamment ouverte aux changements utiles. La tranquillité est un bien par elle-même, et ce bien est le gage d'autres biens. Mais il ne faut pas confondre la tranquillité avec l'immobilité. Il y a des sociétés où toute chose nouvelle apparaît comme redoutable, parce qu'elle est nouvelle. Tel n'est pas le cas de la démocratie. Sans s'engouer du changement pour le changement, et en sachant distinguer — ceci est affaire de tact et de prudence — entre les expériences et les aventures, non seulement elle ne se refuse à aucune tentative hardie, mais elle se glorifie de les essayer toutes. Dès lors, il faut renoncer à reprocher à la démocratie la mobilité de ses lois. S'il était vrai qu'elle fût considérable (et il y aurait fort à dire, à ce sujet, au moins pour la démocratie française, où la surface a plus changé que le fond), il n'y aurait là rien que de conforme et d'approprié à l'esprit du régime.

Les traits sur lesquels je viens d'appuyer distinguent ce régime de ceux qui l'ont précédé. Le régime moderne consacre la liberté politique, désarme la révolution, et renonce à vénérer la coutume parce qu'elle est la coutume. Ce n'est pas tout : l'État, jadis, n'avait que deux buts : durer, étendre sa puissance. En démocratie, l'État veut durer, sans doute, mais pour progresser. Quant à l'accroissement de la puissance, devenu peu compatible avec l'universel besoin et l'universel amour de la paix, il tend à céder le pas à la préoccupation du rayonnement moral sur le monde.

Mais ici, n'allons-nous pas donner dans un piège, où les adversaires de la démocratie se flattent de la prendre? Quoi! diront-ils, vous soutenez que l'État démocratique n'a pas pour objet essentiel l'accroissement de la puissance? C'est donc que vous admettez, comme une conséquence du principe démocratique, l'affaiblissement du sens national, du souci patriotique? On voit l'objection, et le parti qu'il est possible d'en tirer. Si j'y réponds, c'est moins pour exonérer la démocratie d'un reproche qui ne l'atteint pas, que pour insister sur une idée utile.

En démocratie plus que sous tout autre régime, le citoyen est intéressé à ce que la cité soit forte. Non seulement parce que la cité forte fait la sécurité personnelle du citoyen — considération qui, déjà, ne serait pas négligeable, en un temps où chacun se croit le droit (et ceci est nouveau) de songer à sa sécurité, et d'y pourvoir, toute vie en valant une autre — mais surtout, parce que la cité démocratique est la gardienne et la zélatrice naturelle des principes au triomphe desquels le citoyen attache justement tant de prix.

Une cité faible, menacée, tumultueuse, peut voir fleurir, dans son enceinte étroite, les arts ou les belles-lettres. Tel fut le cas de certaines républiques italiennes, à la Renaissance. Mais il est peu présumable que les grandes vérités sociales trouvent dans ces cités un terrain propice où s'épanouir. Elles se développeront, au contraire, à l'aise, dans une cité large et paisible, où les cœurs battront joyeusement, dans une cité qui n'aura connu ni l'amertume des défaites irréparables, ni la mélancolie des amoindrissements définitifs. Mieux que d'autres, des esprits fiers et contents savent accepter, et consentent à propager la vérité démocratique. Or la fierté, la joie

du citoyen dépendent étroitement de l'intégrité de
la cité.

Voilà pourquoi il est essentiel que la notion
des conditions d'existence de la cité, et celle des
obligations du citoyen envers elle gardent une
place importante dans l'éducation de la démocratie.

Le sentiment est d'accord ici avec la raison.
Rien de douloureux comme le péril extrème d'une
cité. Les républiques sud-africaines sont bien éloi-
gnées de nous, et nous les connaissons fort mal.
On assure que leurs habitants se sont montrés
plus d'une fois avides, cruels, avant de déployer,
dans la défense désespérée de leur indépendance,
l'héroïsme que nous admirons. Cependant, nous
suivons leurs efforts avec une sympathie sincère
et vive. Il nous semble que ces républiques ne
sauraient disparaître sans un grand dommage pour
l'humanité tout entière. Aussi, le vieillard qui
promène sur les chemins d'Europe la lamentation
de ces patries qui ne veulent pas périr, a-t-il vu
s'ouvrir devant lui nos cœurs et notre porte,
comme il convenait à un peuple libre. Cependant
les républiques sud-africaines n'ont guère donné
au monde que l'exemple de leurs mœurs simples
et sévères, à quoi il faut ajouter, dans la crise

actuelle, celui de leur indomptable énergie. Elles n'ont été pour rien dans la formation du trésor des idées morales, non plus que dans l'œuvre de la civilisation. Que serait-ce, et quel sentiment l'univers éprouverait-il, si quelqu'une des grandes patries, mêlée au mouvement des idées, coopératrice active du progrès humain, venait à être menacée? Que serait ce, si, de toutes les patries, la plus dévouée aux belles causes, la plus capable de sacrifices, la nôtre, venait à subir encore une diminution? Il nous faut travailler de toute notre ardeur à prévenir pareille catastrophe, qui ne serait pas nationale, mais humaine.

Entendons-nous, toutefois. Cette patrie à laquelle le citoyen d'une démocratie est si filialement attaché, il ne l'aime pas seulement dans son corps, je veux dire dans son sol et ses frontières. Il l'aime aussi dans son âme, dans les sentiments et les idées qu'elle a faits siens, et que les autres pays s'accordent à reconnaître comme les sentiments, les idées caractéristiques de son génie. Il y a des défaites de l'idéal moral de la nation qui affectent le citoyen autant et plus qu'une bataille perdue. Voilà notre conception de la patrie : elle ne redoute la comparaison avec aucune autre.

Plusieurs fois, j'ai prononcé le mot de justice,

et c'est un mot sur lequel il convient de s'arrêter, car il exprime l'essence même de la politique démocratique.

C'est déjà être juste, que d'aimer la liberté politique, la légalité, le progrès, la cité. Mais il y a une autre manière, plus méritoire, d'être juste. Elle consiste à aimer le droit des autres assez pour accepter d'un cœur content les limitations nécessaires de son propre droit. La distinction classique entre la justice et la charité est infiniment contestable. Elle est même suspecte. Elle a été inventée pour défendre le privilège de ceux qui possèdent, contre la convoitise de ceux qui ne possèdent pas. Elle a été particulièrement retravaillée, dans notre pays, au lendemain des journées de juin 1848. C'est une arme empruntée à l'arsenal de la défense sociale [1].

Il y a plus : la prétention de la charité à l'emporter sur la justice, à valoir mieux que la justice, est insoutenable. Rien ne vaut mieux que la justice, à la condition que ce soit une justice élargie,

1. Les pages bien connues de Cousin (*Du Vrai, du Beau et du Bien*) s'inspirent d'un court écrit, intitulé *Justice et Charité*, que Cousin a donné à la collection des *Petits Traités*, rédigés en 1848 par l'Institut, sur la demande du gouvernement, pour combattre « les mauvaises doctrines ».

attendrie, telle qu'elle enveloppe tout ce qui, dans la charité, n'est pas sublime folie. Il restera, sans doute, par delà les limites, déjà difficilement accessibles, du juste, un domaine ouvert aux impulsions irraisonnées, ou, si l'on veut, déraisonnables. On continuera d'appeler charité, c'est-à-dire don absolu de soi, le principe de ces impulsions. Mais on reconnaîtra qu'elles relèvent moins de la morale, que d'une sorte d'esthétique morale.

On le voit : la doctrine politique de la démocratie suppose une éducation, et se termine à une morale, à une religion même, à la religion de la justice.

Si nous plaçons la justice à ce rang éminent, c'est qu'elle nous apparaît comme le principe qui résume en soi les exigences de la vie, et la vie nous semble bonne. Elle est bonne, malgré ses tristesses et ses limites; bonne, parce qu'elle ouvre un champ très vaste à l'effort pour l'amélioration des autres et de soi-même.

Longtemps, l'humanité s'est consolée de ne pas réaliser la justice sur la terre, en rêvant qu'elle la trouverait, un jour, toute faite, dans une autre vie. L'humanité a puisé, elle puise encore un très grand réconfort dans cette croyance. Il n'entre pas dans mon dessein de rien dire ici qui tende à l'affaiblir, ou à l'ébranler dans les âmes qui s'en nourrissent. Mais qui ne voit que si l'humanité n'eût pas agi exactement de la manière dont elle aurait dû agir, au cas où cette croyance lui eût fait défaut, elle eût couru le risque, ou mieux, connu la honte de s'endormir dans une résignation paresseuse à des maux, à des iniquités réputés irréductibles? Aussi, les hommes ont-ils, de tout temps, lutté pour introduire dans les destinées individuelles plus d'équité, dans la destinée collective, plus de joie. Ce qu'ils ont fait jusqu'ici par élan de cœur, ou encore par préoccupation égoïste du salut, et parce que la condescendance, la bienveillance pour les moins favorisés sont des vertus dont le parfum plaît à Dieu, les hommes comprennent désormais qu'ils doivent le faire sans aucun retour sur eux-mêmes, sans aucun calcul, simplement parce que cela est juste.

Ils ne limitent pas nécessairement leur pensée à ce monde. Ils n'excluent, en aucune manière, l'hypothèse de la vie future. Mais ils se rendent compte que cette hypothèse si séduisante ne saurait être invoquée ni comme une excuse à l'inertie et aux défaillances des heureux du monde, ni comme une réplique humainement opposable aux réclamations des misérables. A ceux-là, l'homme simplement homme doit le plus de justice possible, dès ici-bas.

Croire que la vie veut et peut être améliorée pour tous, c'est revenir à l'optimisme du xviiie siècle, à ce sentiment profond qui supporte l'édifice des idées philosophiques professées par les hommes d'alors. De même que nous restaurons leurs idées, en les complétant, en les rectifiant quelquefois, il nous faut ouvrir de nouveau nos âmes au sentiment qui remplissait les leurs, et qui a permis à ces hommes de tant oser, de tant supporter. Notre optimisme ne rappellera pas, trait pour trait, celui de nos prédécesseurs. Il sera plus averti, moins sujet aux illusions, plus sagace et plus retenu, assez résistant encore et assez souple pour nous communiquer, avec l'audace d'espérer, la patience d'attendre. L'optimisme ne se démontre point. Mais le pessimisme, lui non plus, n'est pas la conclusion d'une série de théorèmes. S'il faut faire à l'hypothèse sa part — et il est inévitable de la lui faire, dès qu'on s'interroge sur le sens de la vie — mieux vaut choisir celle qui apporte de puissantes raisons de vivre et de vouloir.

V

La doctrine politique exposée ici est, au premier
chef, un libéralisme, puisqu'elle donne pour objet
principal à l'association politique la création
d'abord, le maintien ensuite et le développement
de la liberté politique ; puisqu'elle déclare que
toutes les libertés, à commencer par celle de la
conscience, principe et source des autres, sont
sacrées ; puisque enfin, pour se répandre et régner
sur les esprits, elle ne veut recourir qu'à des
moyens de liberté.

Mais ce n'est pas, à la façon du libéralisme
vulgaire, une doctrine toute négative, bornant
son ambition à monter la garde autour du privilège des heureux de ce monde. C'est une doctrine positive, qui milite, pour étendre à tous les
membres de la cité le bénéfice de la liberté. Que
tous possèdent, pour que la liberté de la pro-

priété .les intéresse tous; qu'ils sachent tous, pour que la liberté de la pensée les soucie tous; que chacun d'eux soit une conscience vivante, pour que la liberté de la conscience apparaisse à chacun comme le premier des biens.

La doctrine démocratique est aussi, à la bien prendre, un socialisme, puisqu'elle déclare légitime et nécessaire l'amélioration de la condition de tous les hommes, de leur condition morale et intellectuelle, comme de leur condition économique. Et il y a lieu de rappeler au passage, que, parmi les précurseurs du socialisme français, aucun n'a omis de réclamer le progrès de la culture, comme condition et gage du progrès économique.

Il y a plus, et le rapport est plus étroit encore entre la doctrine démocratique et le socialisme. La doctrine démocratique admet comme possibles toutes les transformations et du principe de la propriété — avec cette réserve, toutefois, que jusqu'ici, la propriété individuelle apparaît comme « une méthode historique de progrès social dont . l'efficacité est prouvée par l'expérience[1] » — et surtout, des modalités et clauses de la possession.

1. Renouvier, *Science de la Morale*, t. II, p. 27.

Celles-ci ont varié, depuis que l'homme existe,
et tient les annales de sa vie. Elles varieront
encore. Et l'on s'étonnera, lorsqu'elles auront
changé, de constater que la secousse a été si faible.

La doctrine démocratique retient donc tout
entière l'aspiration dite socialiste, mais qu'il serait
plus exact d'appeler humaine, vers le mieux-être
universel, mieux-être des cœurs, des intelligences
et des corps. Elle ne laisse tomber du socialisme
que ce qui n'en est ni l'élément essentiel, quoi
qu'il puisse sembler à certaines époques, ni
même une partie nécessairement intégrante :
l'appareil révolutionnaire comme draperie, la
haine comme principe, la violence comme moyen ;
l'esprit sectaire, qui n'admet pas que l'on puisse,
sans devenir anathème, penser autrement que le
maître, fût-on soi-même un maître ; enfin, le dogmatisme à la fois redoutable et ingénu en vertu
duquel certains théoriciens précisent la forme des
changements désirés, désirables, comme si l'histoire des idées n'attestait pas la vanité de cette
tentative, aussi souvent déçue que formée.

On peut dire que tout arrive dans le monde,
mais il n'est presque jamais arrivé qu'un changement social se soit produit exactement selon la
formule caressée par ses promoteurs. Et cela

devrait rendre modestes les faiseurs de systèmes.
Cela devrait aussi les rendre tolérants, les aider
à croire que, parmi les esprits qui se refusent à
subir la tyrannie de leurs conceptions souvent
arbitraires, il en est qui ne sont ni moins hardis
qu'eux, ni moins sincèrement épris du progrès
social, dût-il les gêner, par quelque endroit, dans
leurs privilèges.

Enfin, la méthode appliquée ici est une méthode
idéaliste. Pour s'en servir, il faut admettre que
les idées ont une large part dans le gouvernement
du monde. Cette vue n'est pas acceptée de tous.
Elle a même de nombreux contradicteurs. La
variété la plus récente se recrute parmi certains
adversaires de l'esprit moderne et des institutions
libres, qui prétendent appliquer à la défense de
l'absolutisme religieux et politique des arguments
tirés de Comte, de Taine, de Renan. Ils ont entre-
pris de restaurer un « physicisme » qu'ils donnent
comme nouveau, et qui leur paraît être la con-
damnation sans réplique de l'idéalisme politique[1].

1. Cf. les écrits de M. Charles Maurras, et, dans la
Gazette de France du 22 août 1900, une lettre où
M. Paul Bourget s'efforce de démontrer que « la solu
tion monarchiste *est la seule qui soit conforme aux
enseignements les plus récents de la science.* »

Mais ce physicisme n'est pas nouveau, malgré l'air de modernité qu'il emprunte aux citations de Comte, de Taine, de Renan. C'est la réapparition, une réapparition inoffensive de la vieille doctrine qui, pour avoir longtemps régné, s'est trouvée cependant impuissante contre l'attaque de l'esprit cartésien, et des théoriciens du droit naturel, à la fin du xviii° siècle.

Quant à Taine et Renan (pour ne rien dire ici de Comte, dont la pensée, autrement systématique, se prête mal à une discussion aussi rapide, aussi fragmentaire, et qui ne doit pas être considéré comme étant tout entier dans sa philosophie politique) ils ont critiqué surtout le point vulnérable de l'œuvre du xviii° siècle et de la Révolution, la débauche d'*a priori*, le mépris du procédé — expérimental dans la pratique. Si leur attention se fût portée sur la distinction entre la méthode propre à la détermination des fins de la politique, et la méthode propre à la détermination des moyens, distinction dont il a été parlé plus haut, il y a tout lieu de penser qu'ils n'eussent pas repoussé une formule de ce genre : l'expérience doit décider du choix des moyens, la raison est capable de se prononcer sur les fins.

Ramenée, grâce à cette formule, à son véritable

usage, au seul usage légitime qu'elle comporte, la méthode idéaliste n'est autre chose que l'acte de foi de la raison en elle-même, à l'instant précis où elle s'interroge non sur le dernier mystère de l'être, mais sur un problème limité, et parfaitement précis en son énoncé : Comment, après dix-neuf siècles de culture par le christianisme et par la philosophie, le citoyen d'une démocratie républicaine peut-il, doit-il concevoir les fins les plus hautes de la société politique ?

Coulommiers. - Imp. PAUL BRODARD. — 251-1901.

www.ingramcontent.com/pod-product-compliance
Lightning Source LLC
Chambersburg PA
CBHW070947280326
41934CB00009B/2026